Das Traktat von der goldenen Mitte – wir werden es schon schaffen

**Ein Reigengedicht
von Armin Dietersberger
in bayerischer und in deutscher Sprache**

Frage

ab welchem Zeitpunkt

glauben sie

wurden sie

immer seltsamer

Antwort

seit meiner Geburt

Bleib!!!!!!!!!!!!!!!!

Du bist ein Wahnsinniger
gefangen in deinen eigenen Welten
zwischen Magie
und Manie
deiner persönlichen Flucht
in deiner exzessiven Sucht

Suchst irgendetwas zu erreichen
unter den negativsten der ganzen Zeichen
was nur du verstehst
bist erregt
unentwegt
fast paranoid
denkst sogar an Suizid
investierst viel
in ein gefährliches Spiel
gehst scheinbar über deine Leichen
du bist dir nichts mehr wert
wie dem Fuhrmann sein Pferd
das lahmt
dem sich keiner mehr erbarmt
findest keine Ruh

gibst es bloß nicht zu

du Starrkopf

weil es nicht stimmt

in deinen Augen

den ausgelaugten

den ausgesaugten

matten

leider allzu satten

- doch, das tut `s

Schau

genau

kein Kind

kein Kegel

ist dagegen

wozu auch - weswegen

und hält dich ab

schaufelst dir dein eigenes Grab

aber ohne dabei gesehen zu werden

ohne dich zu erden

denn die großen Töne liegen dir nicht

leihst lieber der leisen Dunkelheit dein Gesicht

der Selbstbetörung

der Selbstzerstörung

dass du schließlich Antidepressiva erhieltst

damit du einen guten Fortgang erzielst

Pillen, die dich auf sichere Wege leiten

weg von deinen destruktiven Seiten

war wohl unabwendlich

aber auch endlich

und vielleicht gibt es dir Mut

bleib, wie du bist und es ist gut

Es ist alles in Butter

ich grüße meinen Vater und meine Mutter

die getrennt von einander wohnen

wusste nie genau warum

und trotzdem war es lohnend

rein pekunär

hatte ich durch diesen Umstand immer mehr

gefühlsmäßig war `s eher schwer

fühl mich ziemlich leer

und wenn mich aus dieser Ecke jemand fragt

ob ich o.k. bin

ob ich `s hinbring

sag ich schlapp

ja

finanziell nicht zu knapp

Patz

das war `s
vergiß es Mo
des is hoid so
wos soi `s
wuist frei sei
und mit dia oans sei
dann – na guad
mia foid koa Reim ei
aba es wird scho wern
ihr werd `s von mia hörn

Leider bin ich zur Zeit
mehr in der Ewigkeit
als in der Gegenwart
was mir zwar Schuhe spart
aber auch Unangenehmes beschert
weil sich so mancher beschwert
dass er mit mir nichts anfangen kann
und so verpufft dann sein Drang
und mir verbleibt das schlechte Gewissen
ich hätte mich seiner annehmen müssen
ihm Achtung erweisen
ihn nicht stumm abspeisen

Geachtet seiest du Maria

ist ein Ausdruck der tiefen Frömmigkeit

im Gegensatz zur Wirklichkeit

geächtet seiest du Sangia

wenn du nachts um drei grübelst

und dir jeden Schluck des gestrigen Tags verübelst

am Morgen bist du dann übernächtig

die Glieder schwer wie Blei

du nimmst dir frei

alles und jeder ist dir verdächtig

eigentlich bist du zu nichts in der Lage

genau

wie bei `ner Frau

bekommt sie ihre Tage

dann schreib

bring dein Gehirn zum Joggen

um dich einzuloggen

in eine andere Umlaufbahn

und das ist das Gute daran

es ist nichts mehr eilig

deine Worte sind heilig

die Tinte

als Finte

eine Flucht

ein Augenblick der Sucht

Hobt `s a kloane Weile

dann vazäi i eich a Zeile

a Gschicht

ganz einfach is de nicht

sie is beinah unglaublich sogor

und dennoch is sie wohr

dass ma s übahaupt begreifn kann

is des wirklich Erstaunliche daran

Es ist erstaunlich

wie alles in diesem Staat

aber ich hab `s selbst in der Hand

und such mir jemand in diesem Land

der mir traut

es ist so einfach

wie ein Schulfach

ich hätte es nicht geglaubt

aber es geht auch anders rum

viel zu leicht sogar

und das stört mich - sonderbar

Hallo, du X-Beliebiger

aktionismusverbreitender Umtriebiger

du bist der Hauptgrund

für mein Problem

und das ist schön

weil ich vermag

damit umzugehn

ohne zu spalten

weiß ich

mich dir gerecht zu verhalten

wie angenehm

ich werde ruhig bleiben

beobachte dein Treiben

strategisch

bisweilen vielleicht elegisch

versuchen

mich ordentlich auszuruhn

um im rechten Moment genau das zu tun

was am Schluss

getan sein muss

also achte auf die Spitzen

ich werde sie benützen

um zu zeigen

was ich kann

ich bin nämlich dein Meister

der sie dir zurückgibt, die Geister

die du riefst, um meiner Herr zu werden

mit den dir eignen großen Gebärden

nur wo ist er, dieser Augenblick

der mir fehlt zum Glück

Nütze den Moment
den keiner kennt
also immer vorwärts, heissa und prost
auf die gerechte Zukunft den verdienten Toast
meine Güte
was hattest du für Chancen
mit deinem Verstand
deinem Charme
deinem Charisma
deinem Geist
du konntest dich verlassen
auf dein Genie
und auf dass
die sich hinter dir verbanden
die es verstanden
die Dinge in die Bahnen zu lenken
die Vernünftige bedenken

Doch sie verloren
unter Blasen und gemeinem Tuten
aus unerfindlichen Gründen
in einer durchzechten Nacht
vielleicht von einer höheren Macht

- aber keiner guten

in die Defensive gedrängt

die ungehemmt

und ungeniert

von keiner Ratio gelenkt

außer Rand und Band agierte

mit großen Worten

und viel heißer Luft

die Vernunft hinweg sanierte

Manche schaffen es auf diese Weise

zur Sache trugen sie nie bei

aber hoben

sich ab

nach oben

zu den Göttern

mein Gott

wie konnte dies geschehn

dort hätte ich sie nie gesehn

labern ohne Sinn

Hauptsache man bewegt sein Kinn

macht ja bekanntlich manchem Freude

also Leute rafft euch auf

nehmt Trockenheit im Mund in Kauf

aber lasst mich dabei aus dem Spiel

und sprechet möglichst viel

doch saget wenig

vielleicht seid ihr ja dann bald auch ein König

so erreicht ihr des Tunnels Licht

jedoch gedenket dabei der Besten

denn die sagten viel

und sprachen wenig

doch sie schafften `s nicht

Viele folgten den Schwätzern

wurden reich

- nicht mit mir

ich bin nicht gleich

du kannst reiten

auf einem weißen Schwan

called Lizzy

und alle werden sagen

hey

du machst mich ganz dizzy

du bist der King

doch in Wirklichkeit

ein ganz abgefucktes Ding

denn du bist einer

in ihrem Spiel

der nicht verstehen will

oder leider nicht versteht

dass das Rad sich falsch rum dreht

Aber bitte

es ist bei uns so Sitte

seien wir doch nobel

treten beiseite

und lassen die ran

die immer meckern

und die stänkern

glauben

alles zu verbessern

und zu verändern

wenn du sie frägst

ob sie bereit sind

ziehen sie zurück

wollen sich nicht aussetzen dem Wind

weil sie nur gut im Kritisieren sind

sie könnten nicht das, was erforderlich wär

(alles andere ist eine wundersame Mär)

Aber du

du stehst im Sturm

an der Reeling der Titanic

oder wie das verflixte Schiff sonst heißt

halb waid
halb wund
trunken und in tiefster Panik
- wohl zu recht
doch völlig allein
und sollst Fels in der Brandung sein

Fui mi wia a Zombie
ruhig gstellt
mit na Medikamentn-Kombi
kurz gesagt
aa wenn `s nagt
ausgrenzt von da Welt

Steh!!!!!!!!!

Steh durch
du Lurch
und draußen regnet `s lichterloh
deine Umwelt ist auch noch froh
doch du vermagst nicht mehr
- es ist nicht mehr deins
entgegen zu halten
willst einen, nein, gleich mehrere
und vielleicht sogar schwerere

Gänge herunterschalten

keinen Menschen von diesen Monstern mehr sehen

mit Recht und ohne Vorsicht in deinem Selbstmitleid
vergehen

Habt Acht

hab Acht

in solch einer Situation

sagt der Golem

gute Nacht

und verschlingt dich mit Haut und Haar

verschluckt deinen scharfen Verstand sogar

oh nein

das darf nicht sein

schreist du

auch wenn `s abgedroschen klingt

und nicht mal einen Groschen bringt

bittest

bettelst

flehst

- nicht mein Verstand

der ist zu schön

der ist so filigran

kann das

was fast keiner kann

ist gesetzt

in weisen Kreisen

ich kann `s bei Bedarf auch beweisen

Dabei denk ich nicht mal mehr alkoholisch

sondern vielmehr diabolisch

wozu ich wirklich fähig bin

beweist ein perfekter Reim

denn der erstickt alle Zweifel

sofort im Keim

Sperrt`s mi weg

sperrt`s mi weg

am liaban keimfrei

wei

mei Existenz

is a oanziga Dreck

i bring zwar koane Kinda um

aba mei Lebn, des bringt mi um

i leb ned

- ned, dass i stirb

aber i fui

dass i verdirb

Rip me up

reiss mich auf

ich bin verlottert

verludert

verkommen

vollkommen

nicht ernst gemeint

nicht für voll genommen

mit Nichten

von breiten Schichten

ich bin kein Global Player

da könnt ihr noch so schau`n

eher ein trauriger Clown

wie Leo Sayer

tja

und ah

den kennt keiner mehr

das ist jetzt euer Malheur

und mein Gewinn

ich bin, was ich bin

Drum dua i

wos a Mo doa muaß

und bau ma a Tromme

schick da an schena Gruaß

indem i nur für di

auf meina Tromme tromme

mei Rhythmus soi da sogn

wia `s ma grod so geht

ob i high bin oda down

wia `s im Augenblick um mi steht

er is a Indikator

brauch i an Salvator

oda reicht de Winehouse

bläd, mia geht da Wein aus

dabei woit i da bloß de Nachricht gebn

i leb `s no mei armseeligs Lebn

wei `s Lebn is ned leicht

überwiegend seicht

ma kannt vamutn

vielleicht sogar a Qual

von Minutn zu Minutn

von Fall zu Fall

Sei staad

d` Wahrheit

sogt ma nicht

ganz unvadraaht

seinem Gegenüber

ins Gesicht

Ich funktionier nicht mehr

wie eine gesichtslose Excel-Tabelle

immer verfügbar

stets zu Stelle

trotz mir ab vom Glück

mein kleines persönliches Stück

das mir keiner mehr nehmen kann

nicht einmal mein Nebenmann

der voll auf Stromlinie getrimmt

auf Geheiß jede gewünschte Position einnimmt

und damit seine Karriere checkt

egal ob `s mir oder den andern schmeckt

aber dass mich akut der Neid drauf quält

nach kurzem Heulkrampf - weit gefehlt

du nennst es masochistisch

nein, es ist anarchistisch

indem du nicht auf das Spiel eingehst

der Macht der Führung widerstehst

dich nicht verbiegst

innerlich obsiegst

auch wenn du tief in dir schreist

und ihnen niemals verzeihst

Glaubt nicht alles

was sie sagen

die mit ihren Ellenbogen

unverbindlich freundlich

und stockverlogen

denn an manchen Tagen

nagen

auch an ihnen Gebisse

des Wissens

sie sind zwar schlau

aber nicht so

dass sie immer das tun

was sie tun müssten

was sie auch wissen

aber es zu zeigen

hieße vergeigen

wär eine Sünde

ach, ihre armen Pfründe

glaubt mir

sie sind nicht zu beneiden

auch sie leiden

aber weniger als die

die sich dazwischen befinden

ihre Gehirne verwinden

das System kapieren

kapitulieren

im Spiel der Mächte

innerhalb schlafloser Nächte

fast krepieren

weil sie den Zwiespalt

zwischen Wirklichkeit und Anspruch verstehn

mit dem dritten Auge sehn

Nun `ne Schlaftablette

`ne ganz `ne nette

ach

wenn ich die jetzt hätte

an meiner Wirkungsstätte

es würd` sich schicklich ziemen

sich augenblicklich wegzubeamen

unter Wasser zu atmen, hätt` ich Kiemen

wär` ich Masochist, ich hätte Striemen

alles würd` ich tun, je nach Bedarf

ich wär` fade, ich wär` scharf

würde zählen jedes Schaf

nur für ein kleines Stückchen Schlaf

Amy

ach Amy

mei Gspusi

Meduse

ich use

dich chronisch

komisch

oh verflucht

schon wieder

eine Sucht

Und waar i a Pinnwand

du kannst auf mi pinna

und waar i dei Pinnwand

i dad auf di spinna

ohne dass i oan Ton sprich

i vadrogad jedn Nadlstich

i dad da diena als Kalenda

als dei täglicha Nachrichtnsenda

i dad ois doa füa di

nua dass d` mi täglich oschaugst

i di täglich sieg

wennst mi aa no so auslaugst

Glaub mir

es war nie meine Absicht

glaub mir

so hilflos vor dir zu liegen

glaub mir

ich wahrte lieber mein Gesicht

glaub mir

und hätte geschafft, meine Manie zu besiegen

glaub mir

könnt ich es ändern, ich würd` es tun

glaub mir

bitte lass mich, ich wünsche auszuruhn

Manchmal ist das Leben

ein einziges Sichübergeben

und wenn man sich so bricht

meldet sich das Gewissen

das zu dir spricht

was tust du da

du Superstar

ist einmal mehr der Suff

Ursache deiner Übelkeit

oder ist es wieder so ein Zeichen der Zeit

du schüttelst den Kopf

du forschst vergebens

es ist immer der gleiche Zopf

der Unsinn des Lebens

weder hüben

noch drüben

weder vorne

noch hinten

es geht nicht im Zorne

man muss seinen Frieden finden
aber wer kann mir sagen, ob `s recht ist
oder ob etwas schlecht ist
wer dreimal lügt
der hat kein Gesicht
egal was auch geschieht
- aus Prinzip ich lüge nicht

Hurra
jetzt geht `s dahin
und wenn ich schon mal im Aufbruch bin
werde ich perfekt sein
wird jeder Sekt der Sekt sein
der an den Platz gehört
wo er das Gesamtbild am meisten stört
wo er die größte Wirkung wird erzielen
und ich
werde mich sehr belanglos fühlen
aber ich werde mich damit nicht quälen
und es dann allen toll erzählen
wie gut es mir geht
und es um meine Energien steht
aber ich werde allein sein
das Gefühl wird gemein sein
und irgend etwas flüstert, sei bereit

ich denke, das ist die Ewigkeit

Versteht mich nicht umsonst
ihr sollt was von mir haben
auch wenn ich nichts besitze
außer intellektuelle Gaben
aber ich kann es nur betonen
es wird sich lohnen
nicht zu hören auf die Vorsprecher
die Liebend-gern-Eisbrecher
die im Grunde bitter kalt
freundlich, unverbindlich und doch bald
versuchen, euch dranzukriegen
lasst sie nicht obsiegen
und sagt einmal
einfach nein
lasst sie nicht immer
die Gewinner sein

Doch hui
und gleichsam pfui
hamma gwunna
foin in `n Brunna
geht `s weida geschwind
wia da Wind

und sie stenga wieda vorn

mia ham doch valorn

trink ma a Hoibe

genga danzn

Schritt für Schritt

zu zwoat oda dritt

endlich hoam

vasuach ma `s nomoi

morgn

Heute bin ich zu nüchtern

um zu schreiben

beschließe also

ich lass` es bleiben

doch flugs gedacht

einmal kurz gelacht

schon ist es vorbei

und ich bin wieder dabei

mir Notizen zu machen

über all die bösen Sachen

diese unheimlichen, leisen

die ansonsten verwaist

meinen morbiden Geist

düster umkreisen

und ich ertappe mich fiebernd

zitternd und bibbernd

mit dem Stift in der Hand

mental in einem ganz andren Land

schreibend Worte jenseits jeder Grenze

versinke ich zu Gänze

Vermerkt es bitte vollständig

falls noch nicht bekannt

lernt es in- und auswendig

ich bin bei klarem Verstand

immer schon

es sei an dieser Stelle

aus erster Quelle

nur noch mal genannt

denke quer

weil `s unbedingt von Nöten ist

im Zusammenhang mit dem ganzen Mist

mehr und mehr

ich bemerke Gefahren

die sonst keiner sieht

und kann die Gesamtheit somit davor bewahren

dass Unheil geschieht

aber ich ecke damit an

die Verantwortlichen wollen es nicht hören

reagieren nur auf betören

und das ist das Dumme daran
meine Stärke ist meine Schwäche
und so schwimmen meine Felle
auf die Schnelle
zu meinem Leid
fröhlich sprudelnd die Bäche hinunter
mitunter
doch stets zur rechten Zeit
mir den Spiegel vor Augen zu halten
bequem ist, mich selbst zu verwalten
denn gegen die Wellen kommst du nicht weit
und was mach ich: ich halte mich nicht daran
zerfleisch mich, wo ich nur kann

De Bestn sterbn jung
gebn aba an guadn Dung
an Nährbodn
aus dem unglogn
wos Nei`s, Groß`s entsteht
nur so is abgesichad
dass `s Leben weidageht
aa wenn ma jetzad drüba kichad

Selten so gelacht
aber wir wollen an die Macht

wir wollen stark sein

lenken

denken

keiner kriegt uns klein

doch der große psychische Knall

bringt uns beizeiten kurzerhand zu Fall

burn out

höhlt uns aus in unsrer Haut

Hilfe, zur Hilfe

schreit dann der Stabilste

dessen Welt am lautesten zerbarst

ich bin mit einem Mal

was du lange schon warst

hilflos, wie ein Kind

ich bin `s, ich bin `s

mein Sein

meine Pein

Stau auf der Autobahn

Zugverkehr schon lange lahm

verdreht

verweht

Am Bahnsteig stehn

hörn wie die Züge vergehn

mit geschlossenen Augen

die Geräusche aufsaugen

es reicht nicht, dass er spinnt

jetz is a aa no blind

na, na, ich hör bewusst

denn ich hab noch nie gewusst

wie es sich anfühlt, das Hören

das die Stille stören

Lautstärke ist täglich

sie nervt unsäglich

hab ich, für mich schlecht

bei meinem Versuch festgestellt

du hast natürlich Recht

ich gehör nicht in diese Welt

Platz, Platz

stehen sie hier nicht so dumm

allen im Weg in der Gegend rum

meine Welt heißt Opferlamm

du bist mein Schatz

ich bin mir zu zahm

soziale Kompetenz ist nicht zählbar

meine Gestalt ohnehin unfehlbar

- mal bin ich dick

- mal bin ich schlank

- mal Britney Spears

- mal unheilbar krank

ich bin Medizin

und das ist mein Wahn

ich bin

was ich nicht vermeiden kann

die verabreichten Mittel wirken

mit Alkohol stärker

doch das Leben ist härter

ohne

bleibt einzig und allein die Frage

wofür sich das Ganze lohne

Manchmoi dad i

ma am liabstn oane

einehaun

aba i miaßad

bei dera Sach

auf Gott vertraun

dass mi koana siegt

und i mi dabei

ned seibst verletz

denn des waar

ganz so nebenbei

gega mei Gesetz

Gesetzt den Fall dass

hab` ich für euch was

wer glücklich sein will

muss das Unglück kennen

nur dann

darf er sich irgendwann

auch grenzenlos glücklich nennen

den Ort, an dem ich jetzt bin

durchschreiten alle, die Glück finden wollen

ich wollte eigentlich gar nicht dort hin

wollte lieber durch die Gegend tollen

lachend mit Laufschuhen traben

mich an den Sonnenstrahlen laben

ich weiß, ich bin krank

unabhängig vom Guthaben auf meiner Bank

auf der Seele

allergisch gegen Befehle

dieses Nagen in meinem Gehirn

geht partout nicht weg

wie ein Schatten vor dem Gestirn

wie ein schwarzer Fleck

Ich fürchte den Moloch

habe Muffensausen, spür `s an meinem Poloch

Angst begleitet meine Stunden

anstatt die unbekannte Stadt zu erkunden

ich bin hier und doch nicht dort

fühle mich nicht wohl an diesem Ort

halte mich hier nur auf durch einen Zwang

könnt hier nicht sein ein Leben lang

beim Thai aß ich zu Abend Ente

das sind sie wieder, diese grauen Momente

es ist so anders als zu Haus

halte es nicht länger aus

muß vermeiden, meinem Verlangen nachzugeben

doch ich schaff es nicht, das ist es eben

verzagt

versagt

ich verkriech mich mit `ner Flasche

lüg mir in die eigne Tasche

das ist nun leider nicht famos

doch ich bin das Zittern los

und in der Nacht hatte ich nichts anderes zu tun

als mich volltrunken auszuruhn

Scho lang nix mehr auf Bayerisch ghört

i war sprachlos, bsuffa und verstört

hob mi früha gern im Spiagl ogschaut

vor a poor Dog hob i mi auf oamoi nimma traut

weil des bist du nimma

des host nimma drauf

und des begreifst du nimma

aba gibst no ned auf

du heast as ruafa

ätzend und minütlich greller

komm, Don Quixote

mach hinne, mach schneller

die Windmühlenflügel pfeifen

an dir vorbei

vui z` gschwind, um sie zu greifen

und du siegst

endlich ei

dei Kampf war vergebens

doch wos is da wahre Sinn des Lebens

wia hoit ma des bloß aus

ohne oda mit na Überdosis

und i wuisl in de Welt hinaus

mit – wie sunst nix los is

des is doch a oanziga Vafoi

entweda du lebst bis zum großn Knoi

oda es endet in am langa Siechtum

egal – ois zwoa bringt mi ganz gwiß um

wos mi aba als Spieler dabei interessiert

und als Mysterium fasziniert

des Unwissen um die tatsächliche Art

bleibt lebenslang koam erspart

Psst
so was spricht man doch nicht aus
schon gar nicht laut
nicht in der Gesellschaft
sonst wird der karge Rest
auch noch versaut

Brrt
heidewitzka
und wenn ich trinken will
dann trinke ich
und wenn ich stinken will
dann stinke ich
so ist das eben
bei uns im Laden
und wenn ich baden will
dann geh ich eben baden

Ja, ja
sagst du, aber der Mensch braucht Regeln
Werte
und sei `s auch nur gesunde Härte
etwas zum Orientieren

sein Zentrum zu fixieren

bei deinen Ideen

also bitteschön

da endet doch alles in Anarchie

und die gab es hier bei uns noch nie

warum nicht Neues wagen

warum nicht sagen

ich riskier `s

ich probier `s

auch ohne Profit

ich mach einfach mit

und zeige mich rege

gehe kreative neue Wege

fernab von dem Alltäglichen

bewege mich im Unsäglichen

endlich wieder gierig auf Leben

und entgeilt von Geld

was wird das für ein Streben

nach einer besseren Welt

Meine Katze, die ist jung und niedlich

ihr Fleisch schmeckt frisch und appetitlich

und ob das jemand stört

hab ich leider nicht gehört

ich liebe dieses Vieh

verspeisen würd ich sie nie

aba an den Richtigen dad `s so gratn

denn de Katz is a saubara Satansbratn

Ich habe euch angelogen

ich bin gar nicht auf Drogen

auch wenn mein bisheriger Gesang

in euren Ohren fast so klang

es ist nur alles sinnfrei und konfus

so dass ich dauernd lachen muss

dabei ist mir Lachen ziemlich fremd

da mich meist mein Ego hemmt

um dies alles zu verkraften

schrieb ich es einfach nieder

und als Geheimschrift verschlüsselt

geb ich es nunmehr wieder

selbstzerstörerisch

eiskalt, aber immer taufrisch

Ha

wie fürchterbar

und jetzt ist dann Winter

und da hab ich Geburtstag

und da mag ich es nicht

wenn man mir alle Gute wünscht

bloß weil es sich gehört

ich fühl mich vielmehr zerstört

zieh mich zurück

such mein Glück

im Alleinsein

in mir daheim sein

Bisweilen brechen sie auf

jene nostalgischen Züge

mit denen ich mich selbst belüge

eine Woche zum Vergessen

ich rauchte wie besessen

und als ich es bemerk

befind ich mich in einem alten Werk

die Zeile aus dem Gedicht Gebein

- „dabei rauche ich doch gar nicht"

dringt wieder in mein Leben ein

performt sich als Film vor dem Gesicht

einst lokal berüchtigt sicherlich

vierundzwanzig Jahre alt

lässt `s mich auch heute noch nicht kalt

die Vergangenheit beginnt von selbst zu laufen

einen bessren Rausch kann man sich nicht saufen

ich war damals schon abgrundtief

ach, wie ist das positiv

die Aktualität ging nicht verlorn
ich war schon immer ganz weit vorn

Bin ich wichtig
oder bin ich ein Herdentier
oder bin ich als Herdentier
wichtig
richtig
ich bin kein Herdentier
und als solches somit nichtig
also kommt nur Frage eins
in Frage
nein
jeder ist ersetzbar
ja
doch beim globalen Vorgehen
wird leider übersehen
jeder ist verletzbar
durch Nichtbeachtung
und bei näherer Betrachtung
ergibt sich ein einzig wahrer Schluss
als aktuelles soziales Muss
die Geschwindigkeit macht mir Angst
entschleunige dich, so lange du noch kannst
folgerichtig

gebe ich das zurück

was ich nie erhalten habe

sie heißt Ruhe

meine Gabe

Acht bs und 3bs ps

bunte

Bonbons

bieten

bescheuerten

Burnoutlern

baldigst

bessere

Beruhigungsmöglichkeiten

post scriptum

bitte

beizeiten

bestätigen

Tralala

und hoppsassa

du steigst auf

i steig ob

du bist Sechzge

i bin Bayern

i trauert

du host allen Grund zum Feiern

des is zwar ois a bißl schizophren

aber waar `s des ned

waar `s von jemand anders gwen

du

und

i

so dean ma olle wos

bis de Wirkung von dem gsaatn Gros

übadeckt unsrer beider Gräber Kies

und jeda von uns zwoa vagessn is

Merke

ich darf es nicht vergessen

- lass dich nur nicht stressen

meine Psychologin hat gesagt

wenn etwas an mir nagt

soll ich mich nicht genieren

und sie jederzeit antelefonieren

doch ich hasse diese Form

von Konversation

ohne Blickkontakt

meine Dämonen schreien Hohn

ginge es nach mir

würden die Spinnen und die Weben
sowie manch anderes Getier
an jedem Hörer kleben
ich war in der Klapse
ich hab es gesehen
ich weiß die Antwort auf die Frage
was kann mit einem Menschen geschehen
dort sind sie normaler
als die im Beruf
dort sind sie
- nichts ist banaler
unverstellt
- wie Gott und die Welt
sie schuf

Abfall
überall Abfall
glaubt mir
ich habe nichts getrunken
ich war nur wieder mal
ganz und gar versunken
brutal erhöhte Gehirnumdrehungen
verursachten diese Geistesblähungen
dacht nämlich die ganze Zeit
den Mund vor Grinsen meterbreit

sich vor niemandem mehr beweisen müssen

unbeschwert des Chefs Geliebte küssen

ohne Alkohol geht `s gar nicht

und mit nicht viel

blödes Spiel

wie hältst du bloß diesen Wahn aus

ich geh zu Bett mit Amy Winehouse

in der Flasche, mit der ich mich nett amuse

und auf CD

du host a Muse

mei, wia schee

Schweigen

nur ja nichts vergeigen

ich werde immer sprachloser

nur mündlich

es geschieht schleichend

aber gründlich

schriftlich ist das kein Problem

schriftlich, da ist Sprache angenehm

dort ist sie

produktiv

exzessiv

abgrundtief

und verliebt in jedes Wort

schreibe ich mich an einen bessren Ort

Kein Buchstabe

kein Wort

keine Zeile

kein Satz

kein Kapitel

kein Buch

wiegt ihn auf

den Versuch

mich zu enthalten

um so neue Kraft

zu entfalten

ich hab `s mal so hingeschrieben

und wende es an

je nach Belieben

irgendwann

Das macht Spaß

jeder macht irgendwoirgendwieirgendwas

und jeder stimmt sich ab

nimmt jedoch des Pudels Kern mit ins Grab

jeder ist busy

alles ist easy

es ist ein einziger Rausch

i hoit des nimma aus

frogts ned, was de Oidn denga

wei des is eh ois wurscht

schenkts ma no an Schoppen ei

i hob an Riesndurscht

möglichst modern, so gehn ma `s o

des is da Psychorap für mei Büro

Pseudo-Techno

eMail-Nepp

und du machst aa no mit

du Sepp

Schafkopf

bayerischer Tropf

Wenz

kennts

des, wenn da Schellnunta an Oacheoba sticht

is a vollkommen offne Gschicht

wo ma nia woaß

werd `s koid oda hoaß

a ganz andas Gspui

wo `s Gfui

vielleicht aa amoi gwinnt

wo ma plötzlich vanimmt

ma hod a Chance

des is doch wos

und dann hofft ma und bangt

ob `s füa oan desmoi langt

mit sechzg Augn valorn

um a Hoffnung ärmer worn

dann schrei

schrei `s naus

umarm an Baum

sammel Kraft

und start an neia Traum

Big Deal

großes Ziel

Börsenfieber

Mordskaliber

spekuliert

eskaliert

abgestürzt

Leben verkürzt

big bang

peng

Sag nix

ich würdig` dich keines Blicks

du bist wirklich arm dran

du hast es wieder getan
böse Frau Winehouse
bist auf Zerstören deines Seins aus
bitte nicht, meine Ikone
realisier, es geht auch ohne
aber mehr schlecht
als recht
ich weiß, wir sind sensibler
und das ist heutzutage übler
als wärest du ein grober Klotz
der mit unerträglichem Geprotz
alles in den Boden rammt
was Feinfühligkeit verspricht
denn er ist anerkannt
und wir Sensibelchen sind `s nicht
mich friert bei dem Gedanken
doch wer weist den Klotz in Schranken

Das Eis wird dünner
man durchschaut dein Spiel
was heißt hier Spiel
in deinem Zustand spielt man nicht mehr viel
verzählt
gequält
verzeiht

es tut mir leid

angeknockt

abgezockt

als Angezählter hast du immer Schuld

brauchst Stehvermögen, brauchst Geduld

dich neu zu definieren

wieder zu etablieren

was jetzt wichtig ist: kein Ruhekissen

und ja kein schlechtes Gewissen

als gewiefter Spieler hast du noch ein Ass in petto

abgerechnet wird nicht brutto sondern netto

hol doch endlich aus zum finalen Schlag

auch wenn er noch so weh tun mag

doch du hältst inne, haltest still

Schmerzen gibt es allenthalben schon zu viel

und leidest immer weiter

neuerdings ist das Wetter meistens heiter

Du stehst vor einer Mauer

und bist sauer

voller Trauer

von ungewisser Dauer

desorientiert

isoliert

achtlos

machtlos

missachtet

genau betrachtet

geächtet

der Boden unter deinen Füßen

lässt dich von oben grüßen

vielleicht ist die Lösung ja mathematisch

denkst du dominant apathisch

denn du hasst Zahlen

mit Zahlen kann man prahlen

und das ist ein Fakt

warum der Pakt

ohne dass er um Erlaubnis bat

die Mauer vor dir errichtet hat

Schwimm

auch wenn du Flügel brauchst

gewinn

an Höhe, auch wenn du Ruder brauchst

bewege

belebe

ändere die Struktur

denke in Futur

überwinde die Mauer

auch wenn nur von kurzer Dauer

bis die wieder die Oberhand an sich raffen

die sie immer hatten, diese Laffen

Ihr, ihr Unausweichlichen

ewig Unbegreiflichen

man betrachtet bewundernd Technokraten

wie sie über ihre Datenströme waten

man bestaunt sie leise

wie sie auf aalglatte Weise

Gefühle digitalisieren

sie reduzieren

den Menschen zum Gehilfen der Maschine

zeigen weder Reue, noch tun sie Sühne

verführen selbst die Kinder

verflucht sei der Erfinder

sie schaffen final Gegebenheiten

zwängen uns in Abhängigkeiten

verheddern uns in ihre Netze

bestimmen die Gesetze

bis wir hilflos darin gefangen

nach fachmännischem Support verlangen

ich jedoch freu mich über Programmabstürze

denn sie geben ihrem Treiben erst die Würze

während sie noch virtuell

und voller Hektik analysieren

denk ich ganz reell

lächelnd ans amüsieren

dann lach ich nicht zu knapp

und schalt den Strom einfach ab

Ozapft is

im virtuellen Paradies

zum Staatsempflang der Oberen

do geh i grün und blau

wei grün und blau

is am Kasperl sei Frau

hallöööchen

gib Pfötchen

wie geht `s dir denn so

bedeutet akuten Feueralarm

konstant wie immer - auf höchstem Niveau

doch ich verspüre drinnen Harm

in stetiger Angst

in stetem Kampf

der Feind lauert überall

fliegt heran im Überschall

bin ich Abel, bin ich Kain

lass es sein

trinke doch nicht immer wine

house dir nicht immer rein

sage ja zu

rehab

no, no, no

ganz gewiss

aber was passiert

wenn `s anders besser is`

Der Unterschied liegt im Detail

weil

bemüht man

wie im Business üblich

die englische Sprache

und das ist heutzutage

ohne Frage

viel wert

und nie verkehrt

reimt sich

my destruktive side

auf

has grown a mile wide

doch wozu

Englisch

denn nanu

Deutsch ist zwar global gesehn naiver

aber in diesem Fall much positiver

meine destruktive Seite

suchte meilenweit das Weite

ich denke

da ist deutsch sein

doch das erste Mal

was wert

denn im Englischen

ist `s not so positive

vielmehr umgekehrt

Ach

wie gern hab ich `s vernommen

ich habe heute Lob bekommen

und zwar von höchst denkbarer Instanz

war unendlich dankbar, ich verglühte ganz

fühlte mich darauf richtig wohlig

ohne Alkohol alkoholig

omnipotent

unglaublich präsent

animalisch wie ein Tier

was Lob so bewirkt, Lob von mir

Mir geht `s gut wie selten nur

mein Vergleichspunkt ist Darfur

manchmal ist der Hunger nie gestillt

bisweilen ist `s mir viel zu wild

ein Leben ist mir nur möglich in Extremen

du solltest dich was schämen

ich wieso

ohne Grund - i wo

Das ist geil

ich gehe steil

wenn von Sex

in diesem Werk die Rede sein soll

dann jetzt

du Troll

S   cheinwerfer sind

e   rotischer als

X   enonlicht

und dann noch verquickt

mit Auto, ich bin beglückt

so lieben es die Teutonen

die in Europas Hauptverkehrsland wohnen

Jetzt wui i da a Hardcoregstanzl singa

so a Schmarrn, wos soi des bringa

naja, i hob hoid drauf Lust

du leidest ja an Realitätsverlust

na, i steh voi im Lebn

wie i hob grod

wos kannt `s Schenas gebn

jemand gsogt, dass i eam mog

des is doch out of order

jenseits jeda border

du bist doch von gestern

wia am Goethe seine Schwestern

heillos romantisch

wenn `st moanst, aba quant is `s

ja und wo is jetzt des Gstanzl

is ma entfoin durch dei Strawanzl

aba aufgfoin is ma dabei nua

a Gspräch mit dia is Hardcore gnua

Würde ich das Sein als Hure betrachten

sagte ich lüstern: Baby, geh mit mir ins Bett

würde ein Freier das tun

sicher, er wär nicht so nett

er würde mich nicht schonen

sein Aufwand müsst sich lohnen

aber ich bin nicht beruflich

ich tu `s doch für Geld nicht

ich würde lachen

lachen

weinen

soll ich `s wirklich so meinen

und es würde vorbei sein

würde ich das Schwein sein

ich werde ins Bett gehen

nett dabei aussehen

und schlafen

mit dem scharfen

Samen, der mich unterleibt

mir die Unschuld aus dem Leibe treibt

von den geschenkten Pralinen

kaufte ich Gardinen

pisste mir die Hosen voll

und tränke Alkohol

literweise Bordeaux

danke, es läuft nur so

Unmengen

die die Gedanken verdrängen

liebe Mutter verzeih

ich wünschte, ich wäre frei

ohne fressendes Gewissen

wider jedes bessre Wissen

Und du muaßt as da oiwei wieda vorsogn

wia a Litanei

am End von deim Gang

muaß `s oans mit dia sei

wenn i wos andas mach

wos mach i dann

mach i wieda wos

wos i ned wui und eigentlich ned kann

oda bin i konsequent

und mach am End

oamoi des, wos i ko und wos i wui

einfach nimma mit in dem valogna Spui

Waaahhh

ich reagier geschockt

ich wurde abgezockt

man verschrieb mir Pillen

gegen meinen Willen

jedoch aus therapeutischen Gründen

es erfordert mein Befinden

nehm ich sie ein

das kann doch nicht sein

ich werde fett

und das ist nun gar nicht nett

dick

ist sick

aber zum Glück

weiß ich den Weg zurück

doch halt, da läuft was schief
denn angezeigt ist alternativ
schlank
und krank
ohne Medikamentation
wieder in die Depression
das kannst du auch vergessen
bringt mir bitte was zu essen

Du stillst deinen Hunger auf Leben
durch Einnahme von Marshmellows und Cornflakes
mit Joystick schaust du in die Röhre umgeben
von niemandem und konsumierst Milchshakes
real ist mein Dasein ein Verlust
sprichst es in selbstgefälligem Frust
betätigst zum wiederholten Mal den Dimmer
in deinem abgedunkelten Zimmer
und stellst das Licht noch mehr ein
schwarzverfärbst du immer mehr dein Sein
abwärts auf die nächste Sprosse der Leiter
und ballerst fort in einem weiter

Und wenn jetzt einer
der neuen
der bunten

der tollen

selbsternannten

superschlauen Oberollen

die über Leichen gehen

das Leben falsch verstehen

eine Feuerwaffe hätt

das wär fat

das wär genial

bombastisch brachial

ich würd sagen

ohne weiter nachzufragen

obwohl Pazifist

- drück ab

tu `s nicht

denn

wenn du `s wirklich machst

wär `s Mist

für dich

und mich

fraglich

ob er `s wirklich macht

ob er die Message packt

der Wicht

Ich weiß

er tät es nicht

der Bausparer

Tempogenaufahrer

der Schenkelklopfer

denn ich wär` nur

ein Bauernopfer

es würde weitergehn

in seinem Sinn

dann könnten die

die ohnehin

schon klüngelten die ganze Zeit

weiterspinnen für die Ewigkeit

aber ob sie noch so weit gelangen

dafür müssen sie nun wahrlich bangen

es liegt daran

wie man leicht ermessen kann

ob die zurückgelassenen Leichen

im Ableben

grad so eben

nicht noch an eine Notrufsäule laichten

und wenn dem so ist

dann gnade euch Gott

ja, ja Gott

Gott ist tot

doch ab und an

da leben Laiche

schwimmen ungeniert

kreuz und quer unkontrolliert

durch `s Wasserglas als Salz in der Suppe

und das ist euch dann nicht mehr Schnuppe

Flash

ich sehe gleißend in die Sterne

und bin drauf, ich weiß nicht wie

nie sah ich klarer die Kerne

die Pudel dazu sah ich nie

begossen

verdrossen

unklar, ob und welche von euch was taugen

sah nur die Euro-Zeichen in euren Augen

und so gabt ihr es weiter an die Jugend

was für Idole, was `ne Tugend

gefallen - hatte nie ein anderes Ideal

keine andere Möglichkeit, keine andre Wahl

mir tun sie leid, die Jungen

denn sie hatten keine Chance

und dann kommt ihr besserwisserisch

ohne Konzept auf eurem Tisch

einfach so dahergesungen

und fragt scheinheilig, wie kommt denn das

die Luft ist stickig

wir halten `s in der Dunkelheit nicht aus

wie kommen wir ganz trickig

aus diesem Brunnen wieder raus

und sie lamentieren

kriechen auf allen Vieren

was auch passiert

wenn ihr sie auch noch so fein traktiert

meine Gebeine

Lösung hab` ich keine

Manchmoi fui i mi so

manchmoi fui i mi so

manchmoi fui i mi sowieso so

und dann fui i mi so

und dann fui i mi so

und dann fui i mi sowieso so

wia i mi fui

und dann is des Gfui

manchmoi sowieso

vui z` vui

Ich schau mich um

stumm

und ich weiß es und bekomme es nicht auf die Reihe

trotz meiner vorhandenen intellektuellen Weihe

ich suche in meiner Sucht

den Schuft

frage mich

ganz bitterlich

vergeh ich in der Ewigkeit

verbleibt mir noch genügend Zeit

verschwinde hinter meinem Schreibtisch

hab nicht mal mehr `nen Treibfisch

traue mich nicht hervor

und denke hinterm Tresen

das ist `s gewesen

versteckt, wer ich bin, wer bin ich, ein Depp

nein, ich darf mich nicht als einen Deppen dissen

wie in einem durchschnittlichen Rap

würde die Wärme noch mehr vermissen

könnt zwischen Kotzen

verschnieftem Rotzen

und saureverätztem Magenbrennen

unkontrolliertem Heulen

vergleichbar den Rufen von Eulen

nur mehr auf Bahnhofstreppen pennen

ganz ungeniert

und dezidiert

doch ich bin ein Großer

ein Grandioser

filigraner Virtuose meines Fachs

das Masterpiece des Fisches Lachs

ich biete mich an – Wissen zu versteigern

stopp

obwohl it makes no sence

es heißt nicht mehr Wissen, sondern Kompetenz

also hopp

Kompetenz zu versteigern

auf Dauer kann sich doch niemand verweigern

sie ist so günstig, man muß sie einfach kaufen

wenn nicht, kann ich mich noch immer seelig saufen

Das Angebot steht, aber es ist schon wahr

manche Thematik wird wiederholt

bis sie sich selbst überholt

jetzt ist alles klar

wir wurden verkohlt

was einst im Eifer losgetreten

macht uns nun zu Sklaven

weil die Probleme uns übertrafen

da hilft nur noch beten

und kein Schrei nach Paragraphen

und in aller Not

ach, wie peinlich

werden die Vordenker auch noch kleinlich

beschuldigen die im selben Boot

jeder rettet nur noch sein eignes Ich

ich war stets ein alter Hut

bin auch jetzt außen vor

und wenn ich bei diesem Spiel nur verlor

mein Ist-Zustand ist noch ziemlich gut

ich liebe euer Versagen – give me more

aber dazu seid ihr nicht mehr in der Lage

ich prophezeite es, jubiliere außer mir

wer stellte die Weichen

es geschah ganz ohne Zeichen

ich kann nichts dafür

nötig sind jetzt andere Tage

ich steh zur Verfügung – offene Tür

Treten sie ein und staunen sie

ich präsentiere eine Symphonie

und als ich sie schließlich in ihrer Ganzheit lies

fällt mir auf, eigentlich warst du ziemlich fies

das versteht doch keine alte Sau

und antworte mir zufrieden: ja genau

denn trotzdem fügt sich alles eindrucksvoll zusammen

ich werde mir ein Exemplar davon geeignet rahmen

mich jeden Tag davor verneigen

mein Leben als Gedichtereigen

Lebe!!!!!!!!!!!!!!!!

Leben wir also weiter wie bisher
wie im Zoo die Affen
hoffentlich treffen wir dabei die goldene Mitte
was wollen wir denn mehr
- wir werden es schon schaffen
bitte, bitte………….

Bleib!!!!!!!!!!!!!!!!

Frage

war`s das jetzt

und vor allem

was sollte das Ganze

Antwort

ja

und mit aller

gebotenen

Eindringlichkeit

es war erforderlich

als ein Zeichen

unsrer Zeit

Herstellung und Verlag:
Books on Demand GmbH, Norderstedt
ISBN 978-3-8370-4680-9